Boas maneiras à mesa

Comer e beber segundo as regras da etiqueta moderna

Livros da autora na **L**&**PM** Editores

100 receitas de sobremesas (**L**&**PM** POCKET)
Boas maneiras & sucesso nos negócios (**L**&**PM** POCKET)
Casamento & etiqueta
Etiqueta século XXI
Etiqueta na prática para crianças
Etiqueta na prática (**L**&**PM** POCKET)
Manual de sobrevivência do anfitrião inexperiente
Boas maneiras à mesa (**L**&**PM** POCKET)
Receitas de Yayá Ribeiro (**L**&**PM** POCKET)

Celia Ribeiro

Boas maneiras à mesa

Comer e beber segundo as regras da etiqueta moderna

Ilustrações de Vitório Gheno

www.lpm.com.br

L&PM POCKET

Coleção **L&PM** Pocket, vol. 561

Este livro foi anteriormente publicado no formato 13x21cm, sob o título de *O paõzinho se parte com as mãos*, em 2001.

Capa: Ivan Pinheiro Machado sobre ilustração de Vitório Gheno
Ilustrações: Vitório Gheno
Projeto gráfico: Ivan Pinheiro Machado
Revisão do original: Jó Saldanha
Revisão: Renato Deitos

ISBN 85.254.1619-3

R484e Ribeiro, Celia
Boas maneiras à mesa / Celia Ribeiro, ilustrações de Vitório Gheno. -- Porto Alegre: L&PM, 2006.
96 p. ; 18 cm (Coleção L&PM Pocket)

1. Etiqueta social. 2.Gheno, Vitório, il. I. Título. II. Série

CDU 395

Catalogação elaborada por Izabel A. Merlo CRB 10/329.

Porto Alegre: Rua Comendador Coruja 314, loja 9 - 90.220-180
Floresta - RS / Fone: 51.3225.5777
Pedidos & Depto. comercial: vendas@lpm.com.br
Fale conosco: info@lpm.com.br
www.lpm.com.br

Impresso no Brasil
Primavera de 2006

Prólogo

Celia Ribeiro, jornalista, especialista em etiqueta e autora dos best-sellers *Etiqueta na prática* e *Boas maneiras & sucesso nos negócios*, e o artista plástico Vitório Gheno conceberam este livro útil e altamente esclarecedor.

Como se portar à mesa pode significar tudo.

Num mundo competitivo como este em que vivemos, o menor deslize pode causar prejuízos pessoais ou materiais.

Boas maneiras à mesa é uma contribuição para a divulgação das regras que regem o convívio social, neste caso, especificamente no que se refere ao comportamento à mesa. Um guia prático, ilustrado com despojamento e bom gosto pelo pintor, ilustrador e gravador Vitório Gheno. Do couvert ao cafezinho, tudo o que pode ocorrer à mesa está indicado de acordo com os procedimentos internacionalmente corretos e recomendáveis.

Este é um livro importante para o cotidiano de todos.

A jornalista Celia Ribeiro, através de seu trabalho na imprensa brasileira e em livros, trouxe para o primeiro plano a discussão sobre etiqueta e boas maneiras. Seus livros fazem grande sucesso nas livrarias por trazerem uma visão moderna da etiqueta e das boas maneiras, sempre com explicações claras, bem documentadas e extremamente práticas.

Os editores

Menu

Sumário do livro

Apresentação

Simpatia e boa aparência contribuem muito na boa impressão que causamos, mas se você não tem boas maneiras à mesa, aquela primeira impressão favorável fica prejudicada. O comportamento ao comer é um teste infalível do grau de civilidade de uma pessoa, pois o manuseio dos talheres e a postura durante uma refeição falam mais do que palavras. Pensando bem, chega-se à conclusão de que os talheres são o prolongamento dos dedos e seu manuseio corresponde a um estágio mais elevado do ser humano, diferenciando-o dos animais. Sabe-se que, à medida que o homem primitivo buscava sua individualidade, fazendo seus primeiros desenhos nas armas e deixando suas marcas nas cavernas seguindo o senso estético que aflorava, criava também recipientes e instrumentos para comer.

O domínio da etiqueta à mesa é cheio de macetes, pequenos gestos e atitudes que são o fruto de um longo aprendizado, mas descuidados às vezes quando se come com muita fome e pressa. Esse desleixo das maneiras era contornado antigamente pelas mães que recomendavam aos filhos que se alimentassem um pouco antes de saírem para jantar, conforme é referido em livros de etiqueta do século XVIII. No século XXI, há quem siga ainda essa estratégia em almoços de negócios, para não perder um tempo precioso mastigando, quando o prato principal deveria ser ocasião para um fértil diálogo entre os participantes da mesa.

Se você se sente inseguro à mesa, está na hora de dar um jeito nisso, começando a praticar em casa as regras básicas da etiqueta à mesa. Só assim vai fortalecer sua imagem, quer no convívio social, quer como profissional. Quem está em começo de carreira, buscando prestígio junto ao mercado de trabalho, e não teve disponibilidade para tratar dos modos à mesa, por estudar e trabalhar ao mesmo tempo, não deve desanimar, pois comportamento se muda. Recupera-se aquele tempo de formação de boas maneiras observando como as pessoas experientes agem ao comer e beber, lendo livros como este e se exercitando diariamente até adquirir a prática.

Boas maneiras à mesa é dedicado àqueles leitores sem tempo e disposição para livros de etiqueta como os que eu tenho escrito, com muito texto e conteúdo, nem sempre abordando detalhadamente as regras essenciais ao comer e beber. Nas páginas a seguir você visualizará as situações que lhe causam dúvidas, avaliando as suas próprias maneiras. Para isso, contamos com a valiosa participação de Vitório Gheno, artista plástico que ilustrou este livro, afinado com nosso projeto e a proposta da L&PM Editores.

Apoiamo-nos no princípio básico da boa educação de que não há duas maneiras de comer: uma na intimidade e outra para uso externo. Folheando *Boas maneiras à mesa*, você logo perceberá que as regras de civilidade são praticadas diariamente e que só assim assumiremos, ao natural, uma postura correta, tanto em família como num banquete. Confiante em suas maneiras, perceberá, ao almoçar fora ou receber amigos em sua mesa, que tirará melhor proveito das conversas e apreciará melhor a comida, pois sua atenção não será desviada pela preocupação de como segurar os talheres ou a dúvida do que fazer com o imprevisto de um caroço de azeitona na boca.

CELIA RIBEIRO

Capítulo 1

Aperitivando

É o momento descontraído dos drinques e petiscos, reunindo as pessoas que estão chegando e alinhavando as conversas.

Não estenda a mão a quem estiver comendo ou bebendo. Basta o cumprimento e, para os mais íntimos, um leve toque no braço.

Pode segurar o copo de bebida gelada com o guardanapo descartável para não esfriar demais a mão ou molhá-la. Ao colocar o copo usado na bandeja ou sobre um móvel, deixe o guardanapo ao lado e não dentro do copo.

– *Qual a maneira mais correta de pegar o cálice de vinho?*

– Por serem servidos gelados, segure o cálice de vinho branco ou de champanhe pela haste e não pelo bojo, para não aumentar a temperatura que sempre se eleva com o calor da mão.

– O que fazer com as frutas que fazem parte de algumas bebidas?

– Ao tomar ponche, clericô e sangria, quando os pedaços das frutas aflorarem aos seus lábios, engula-os ao natural, enquanto bebe. O que sobrar fica no fundo do copo e se fisga e se come com garfinhos ou palitos especiais para coquetel.

– Ui! A azeitona tem caroço.

– Sem problemas. Cubra a boca com a mão esquerda em concha para recolher o caroço, que é colocado num cantinho do prato ou dentro do guardanapo descartável oferecido durante os aperitivos.

Se lhe é servido um martíni ou outro aperitivo com uma azeitona presa num palito, havendo pratinho, livre-se logo daquela dupla. Pegue o palito e leve-o à boca para comer a azeitona. Deixe o palito no pratinho e, ao restar só o caroço, cubra a boca com a mão esquerda em concha (a direita segura o copo) e rejeite o caroço, colocado num cantinho do prato.

– E se não houver pratinho?

– Retire o palito do copo, e ao final, se não houver mesmo onde deixá-lo, coloque-o no próprio copo já vazio.

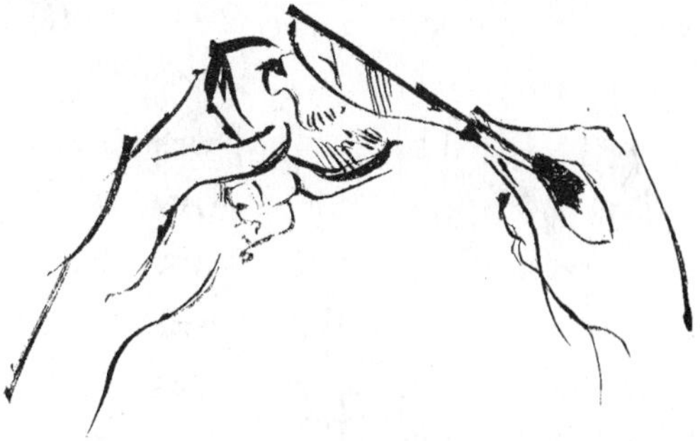

Em geral é o garçom que coloca a porção de patê enformado ou musse salgada na torradinha, mas também os próprios convidados podem se servir: *self service*. Pegue a torradinha – ou a bolacha – com a mão esquerda e, com faquinha sem fio ou espátula de madeira na mão direita, passe o patê na torrada. Uma só, hein!

– *Quando oferecem salgadinhos variados num prato, posso colocar em meu pratinho mais de um?*

– Pode. Lembre que a tendência nos aperitivos e coquetéis é de comer o salgadinho delicado de uma só vez.

Sem pratinho, pega-se o guardanapo com a mão esquerda como apoio para o salgadinho. Se este for oferecido dentro de pelotine (caixinha de papel), não se utiliza o guardanapo para aquele fim.

– *E agora? Estou diante de uma tábua com*

queijos de diferentes formatos. Não há garçom por perto. O que é que eu faço?

– Pegue o seu prato e sirva-se de, no máximo, três espécies de queijo. O queijo triangular, dos pequenos, parta da ponta em diante e não no sentido longitudinal. O quadrado e o retangular permitem cortar em fatias, pela metade se ele for muito largo. O queijo redondo, parta em fatias do centro para a periferia, como um bolo.

Depois dos queijos, coloque também no seu prato o pão em fatia ou o pãozinho escolhido da cesta, ao lado dos queijos. Lembre: o pão é partido com os dedos e você coloca o queijo em cima com a faquinha especial. Não há garfo, come-se com a mão.

Se o queijo é apresentado em cubinhos ou já fatiado, proceda da mesma forma com o pão. O mesmo vale para presunto e salame. Os fiambres assim apresentados são comidos com a ajuda de um garfinho de aperitivo ou palito especial, sem pão.

Sirva-se de castanhas, amendoim e frutas secas de três ou quatro unidades a cada vez se forem miúdas. Coloque-as na palma da mão esquerda e vá comendo com a direita.

Um recipiente de metal serve de depósito para gelo moído, sobre o qual há uma pequena tigela de vidro com caviar. À parte, são apresentadas as tigelinhas com ovo cozido picado, cebola ralada, nata batida, salsinha, gomos de limão.

– *Do que me sirvo primeiro?*

– Coloque caviar na torrada (o correto é com uma colherinha de madrepérola) e acrescente em cima os acompanhamentos que você desejar. É claro que de uma só vez não dá para colocar tudo. Pressione o gomo de limão para verter o sumo somente sobre o caviar.

O caviar pode ser servido com *blinis*, pequenas panquecas de receita russa. Você recebe pratinho e garfo e coloca o caviar na panqueca, partindo-a e comendo-a com o garfo sempre na mão direita.

Diante de uma bandeja de bebidas, sirva-se de champanhe, a bebida ideal para acompanhar caviar. Outra opção é a tradicional vodca russa, servida em copo pequeno e alongado com um depósito de gelo moído. Pode-se beber vodca no copinho em um ou dois grandes goles, como fazem os russos.

Evite matar a fome e misturar bebidas no aperitivo. Lembre que terá de honrar o cardápio organizado pelos seus anfitriões com a preocupação de agradá-lo.

Capítulo 2

O convidado à mesa

A dona da casa passa à sua frente em direção à mesa. Aguarde que ela se sente para você fazer o mesmo. Também é ela quem primeiro desdobra o guardanapo.

Um rapaz ajuda a moça ou a senhora à sua direita a sentar-se, afastando a cadeira da mesa para que ela se sinta mais confortável ao ocupar o lugar.

A ilustração abaixo mostra o lugar à mesa arrumado para este tipo de *menu:*

Maionese de frango
Sopa-creme de couve-flor
Peixe com abacaxi ou *Rosbife c/mostarda*
Torta com sorvete

Desdobre o guardanapo e coloque-o no colo para só então começar a se servir do couvert.

– *E agora, qual o talher que pego primeiro?*

– O que está mais distante do seu prato, à direita e à esquerda, pois eles são colocados na mesa, de fora para dentro, de acordo com a seqüência em que os pratos do cardápio forem servidos. A colher e o garfo, acima do prato, são para a sobremesa.

O couvert é opcional na mesa, servido em um pratinho colocado à esquerda do prato, com uma faquinha sem fio para passar a manteiga ou o patê sobre o pão. O pãozinho pode também estar nesse prato ou numa cestinha. Manteiga, patê e ainda um pote com cenoura e aipo crus cortados em palitos longos fazem parte do couvert.

Os palitos de cenoura e aipo se comem com a mão direita, mergulhando a extremidade no potinho, que pode ser individual, contendo molho picante cremoso.

– *Como eu corto o pãozinho?*

– Você não corta com a faquinha, mas parte com os dedos, um pedaço de cada vez, para untá-lo com manteiga ou patê. Não se usa fazer do pãozinho do couvert um sanduíche. Se não comer todo o pãozinho, a sobra não será

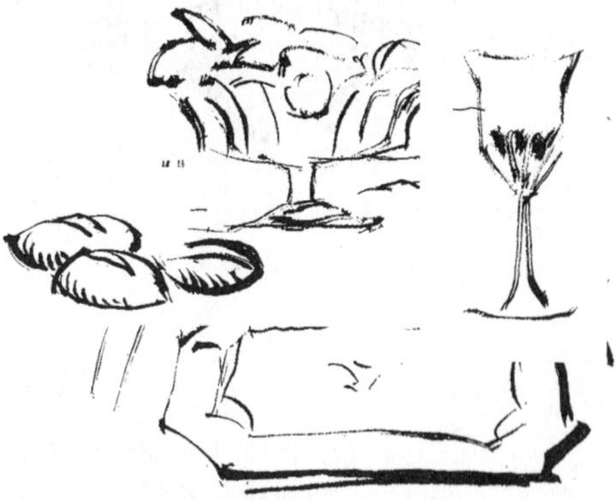

devolvida à cesta de pães, mas ao prato individual do couvert ou, quando este não existir, direto sobre a toalha, à esquerda do prato.

Em meio às regras sempre há um mas... Em mesa de banquete pode não haver o pratinho do couvert e o pãozinho aparecer dentro do guardanapo sobre o pequeno prato da entrada, em cima do prato maior.

Desdobre o guardanapo e coloque o pãozinho, acima e à esquerda do seu prato, direto sobre a toalha. Não há faquinha de couvert nem manteiga. Verá que logo o garçom servirá à francesa a entrada naquele prato pequeno que lhe pareceu ser para o couvert.

A entrada com a maionese de frango é apresentada com uma guarnição de alface e ovos recheados, em serviço à francesa. O garçom oferece a travessa pelo lado esquerdo de quem ele está servindo. Você deve afastar um pouquinho o corpo para a direita, para facilitar o serviço. Há na travessa um garfo e uma colher grandes.

– Eu nunca sei como pegar estes dois talheres grandes e fico todo desajeitado.

– Não é difícil. Pegue a colher com a mão direita e o garfo com a esquerda e com ele empurre o alimento mais para junto da colher, de modo que a comida fique entre os dois talheres unidos e assim é passada para o seu próprio prato. Pode se servir mais de uma vez, pois a porção deve ser pequena.

Ao terminar de se servir, deixe colher e garfo juntos na travessa. Tanto faz a colher ficar debaixo do garfo como lado a lado.

– E se oferecerem língua ao vinagrete, de que não gosto, posso recusar?

– Não é sinal de boa educação. Sirva-se em pouca quantidade do alimento indesejado e mais dos complementos, como legumes etc. Coma devagar e pode deixar um pouco da carne indesejada debaixo dos complementos, como estratégia para não chamar atenção.

A colher de sopa segura-se sempre com a mão direita – fazem exceção os canhotos –, com o cabo apoiado nos dedos polegar, médio e indicador, o anular e o mínimo apoiados na palma da mão, meio escondidinhos, sim.

Ao tomar sopa em prato fundo, movimente a colher em direção à borda mais distante. Por quê? Quando for levar a colher à boca, se pingar sopa será dentro do prato e não em sua roupa. Para sorver a sopa, deixe a colher um pouco de lado, não tomando a sopa pela ponta do talher como se fosse remédio.

– *Quando a sopa é servida em taça de consomê, aquela com duas alças, ao terminar, posso deixar a colher dentro da taça?*

– Não. A colher fica sempre no pires. Em serviços mais refinados ela é menor que a colher de sopa e redonda. Você pode segurar a taça pelas alças com as duas mãos. Fica deselegante, não só no prato fundo como na taça, inclinar a peça para aproveitar a sopa até o final.

– *Qual a diferença dos talheres de peixe para os talheres comuns?*

– O garfo tem dentes mais largos e a faca é sem fio, mais parecendo uma espátula. Ela é assim porque a carne de peixe nunca é cortada, sendo apenas destacadas pequenas porções seguindo a direção da fibra. Na eventualidade de encontrar espinhas, elas são deixadas à parte, no canto do seu prato.

– *Precisa-se comer sempre com os dois talheres de peixe?*

– Não. Suflês, fricassês e peixe servido em pedacinhos se come só com o garfo na mão direita. Ao comer com os dois talheres, porém, o garfo fica na mão esquerda com os dentes apoiados no prato e a faca de peixe na direita, como quem pega uma caneta.

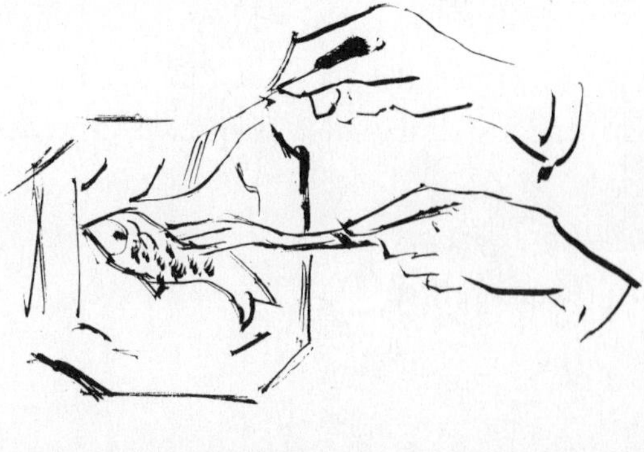

– Como se retira da boca uma espinha de peixe?

– Rejeita-se no garfo a porção de peixe onde está a espinha. Quando isso não é possível, cobre-se a boca com a mão esquerda fechada e se retira com o polegar e o indicador da direita a espinha, colocando-a no lado do prato. É parecido com o que se faz com o caroço de azeitona.

Nem sempre há talher específico para peixe. Nesse caso, garfo e faca comuns são colocados na mesa e se usa a faca como se fosse talher de peixe, sem cortar.

– Vejo as pessoas pegarem de diferentes maneiras o garfo e a faca quando cortam a carne. Qual é a maneira correta?

– Só existe um modo de usar a faca e o garfo juntos, faca na mão direita e o garfo na esquerda. Os canhotos usam os talheres ao contrário.

Como se precisa de mais força para cortar a carne com a faca de fio, pegue o talher diferente de como faz com o de peixe, isto é, o cabo da faca fica apoiado dentro da mão direita. Procure não colocar o dedo indicador sobre a lâmina, exceto quando o design da peça for de cabo curto, como se vê nos talheres modernos.

Ao cortar a carne, jamais segure o garfo na vertical, assim como aparece na figura, fechando os dedos sobre o cabo.

Segure o garfo com a mão esquerda e leve o alimento à boca com os dentes do garfo para baixo, para não ferir a boca, desde que esteja comendo com a ajuda da faca, que fica sempre na mão direita. Corte a carne a cada vez que for comer e não todos os pedacinhos de uma só vez, para depois deixar a faca descansando.

Há comidas que não necessitam de corte (risotos, massas etc.), então você pode usar apenas o garfo na mão direita e a faca fica sobre a mesa. Leve o alimento à boca, mantendo os dentes do garfo para cima, pois pela posição do braço direito ao comer, não há perigo de ferir a boca.

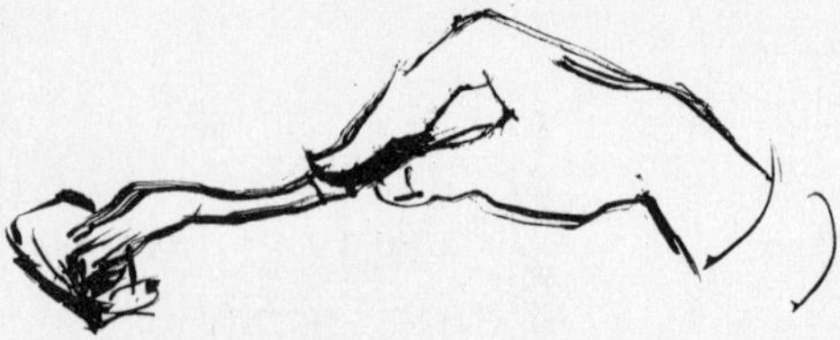

A batata é um dos alimentos que se parte com o garfo, sem amassá-la como se fosse um purê.

Não beba segurando um talher, isto é, com o copo na mão direita e o talher na esquerda. Também não gesticule com um talher na mão. Pecados mortais contra as boas maneiras.

Enquanto estiver falando, deixe a faca à direita e o garfo à esquerda, no prato, sem que os cabos toquem na mesa, o garfo por cima da faca. Assim, o garçom verá que você ainda não terminou.

– *É falta de refinamento deixar a faca em diagonal à direita sobre o prato, enquanto se passa o garfo para a mão direita para levar o alimento à boca?*

– Não é nada elegante ziguezaguear, usando a faca na mão direita e passando o garfo para a esquerda à toda hora. A etiqueta norte-americana, no entanto, é bastante flexível, permitindo deixar a faca descansando por algum tempo. No prato. De preferência, coma com os dois talheres.

Ao terminar de comer, alinhe faca e garfo no prato, a faca à direita do garfo e com o fio para dentro.

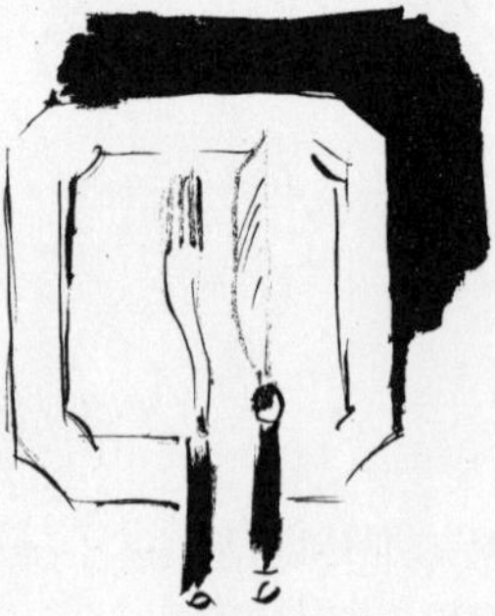

Não se come talharim com colher. Enrole pacientemente a massa no garfo que fica em diagonal sobre o prato e parta com o próprio talher os fios que ficarem sobrando.

Capítulo 3

A hora da sobremesa

Pode-se pedir para repetir a sobremesa? Se a mesa não for íntima, não. O que se faz sutilmente é elogiá-la, e anfitriões espertos entenderão a indireta.

Se você desejar fazer um brinde, esse é o momento. Antes de começar a comer o doce. Também é a ocasião para saudar um homenageado.

Ao comer a sobremesa, pegue a colher do mesmo jeito que a pega para tomar a sopa. Mas, por favor, mesmo que o sorvete esteja uma delícia, não justifica dar uma volta na colher dentro da boca, para aproveitar a porção até o fim. É sinal de gula.

Há sobremesas que são apresentadas com colher e garfinho. Pode ser uma torta, como a lemon pie, que tem a massa rija que não se corta com faca, mas se parte com a colher. A ajuda do garfo é importante para não saltar um pedaço da torta que está sendo partida. Firma-se a torta com o garfo e parte-se com a colher.

Outros doces que justificam colher e garfo são as tortas com frutas, como a de abacaxi em fatias, a de cobertura de merengada ou sorvete, que não dá para comer com garfinho. É como comer com garfo e faca: o garfo na mão esquerda e a colher na direita. Só que, nesse caso, o doce é levado à boca sempre com a colher.

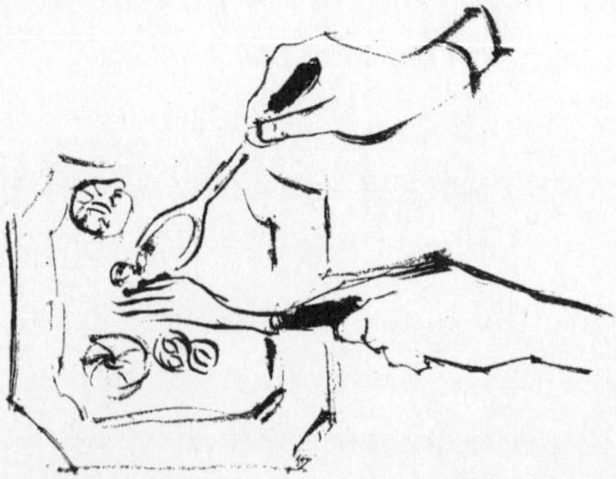

Ao ser servida a sobremesa, já foram retirados os copos de vinho, ficando na mesa o copo para água e a taça de champanhe.

Em mesas mais requintadas também permanece o *sous plat*, aquele prato maior que está na mesa desde o início da refeição, diretamente sobre a toalha. Sua função é proteger a toalha entre um prato e outro.

Se foi servido um alimento comido com as mãos, como ostras, lagosta, alcachofra e frutas, em uma mesa mais refinada será apresentada a lavanda.

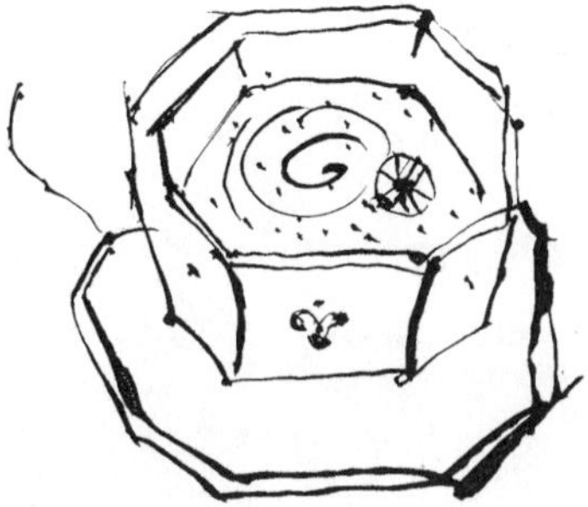

– *O que se faz afinal com a lavanda?*

– Mergulhe a ponta dos dedos na pequena tigela com água e enxugue as mãos com seu guardanapo. Depois desloque a tigela um pouco acima do seu prato, à esquerda. Só então será oferecida a sobremesa.

Cafezinho e chás são servidos fora da mesa. Se é a dona da casa que alcança a xícara para você, não a passe adiante, pois é uma deferência que ela lhe fez. Ao final, a colher fica no pires e jamais dentro da xícara de cafezinho, e o mesmo vale para as taças de creme ou sorvete apresentadas sobre um pratinho.

Ao terminar de comer a sobremesa, os talheres ficam lado a lado sobre o prato, a colher à direita do garfo, como se faz com faca e garfo.

Capítulo 4

Guardanapo & cia

Não tenha pena de manchar o guardanapo, pois ele cumpre uma função. Um guardanapo de tecido sempre qualifica uma mesa de refeições.

Quando o guardanapo estiver preso por uma argola de metal, uma fita ou guirlanda de flores, retire esse porta-guardanapo, deixando-o à esquerda do prato, próximo dos talheres.

– Como se procede diante de um guardanapo artisticamente dobrado?

– Não tenha medo de desmanchar um gracioso barquinho ou uma flor. Abra-o e deixe-o dobrado apenas ao meio para não cair do colo tão facilmente.

– O que faço quando o guardanapo está dobrado como uma bolsinha com os talheres dentro?

– Desdobre-o delicadamente e coloque colher e faca à direita do seu prato e garfo à esquerda. Depois, deixe o guardanapo no colo.

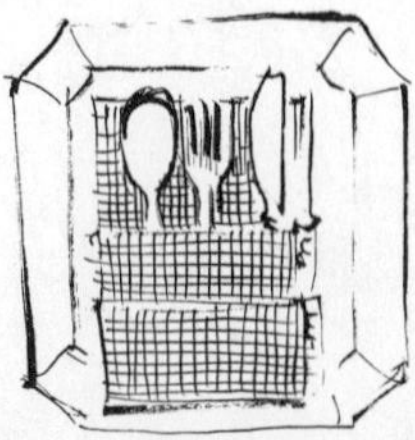

Você bebeu vinho? Tomou água? Deve ter tido o cuidado de comprimir os lábios no guardanapo a cada vez que pegou o copo e, depois de beber, ao voltar a comer. Há um motivo forte para isso: o de não deixar manchas de gordura na borda do copo.

Se usar batom forte e cremoso, comprima os lábios no guardanapo antes de comer. É deselegante deixar mancha de batom no talher e no copo. Pode ter sido colocado na mesa um guardanapo descartável junto com o de tecido. É nele que você tira o excesso de batom. Deixe o descartável dentro do guardanapo de tecido, no colo.

– O que eu faço se usar os dedos para comer e não houver lavanda na mesa?

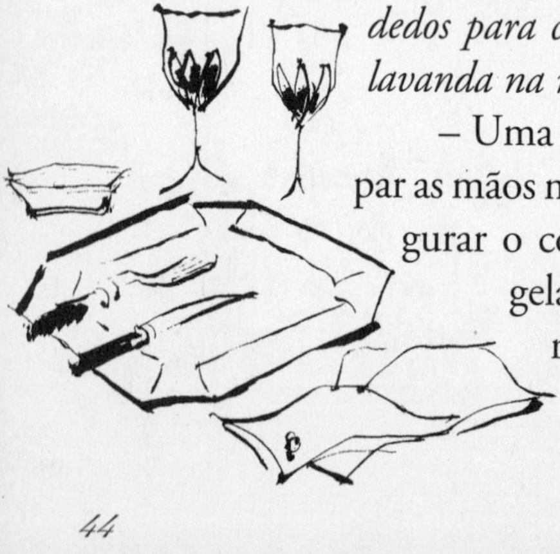

– Uma boa solução é limpar as mãos no guardanapo e segurar o copo com a bebida gelada. Sua mão ficará bem úmida. Enxugue-a com o guardanapo.

Precisando levantar durante a refeição, deixe o guardanapo displicentemente na mesa, à direita do seu prato e não na cadeira.

Ao terminar a refeição, quando a dona da casa levantar, levante-se também, deixe seu guardanapo – sem dobrar – na mesa, à direita do prato.

Ao se servir no bufê, os talheres podem estar junto com os guardanapos. Pois envolva garfo e faca com o guardanapo e segure-os firme junto com o prato, com a mão esquerda debaixo da borda.

Não se admire se o guardanapo estiver colocado na mesa à direita do prato dos convidados. É uma tendência atual, ainda que a tradição européia, seguida neste livro, recomende o lado contrário.

Capítulo 5

Legumes & frutas

Nunca se comeu tanta salada nem se valorizaram tanto as frutas como a partir do final do século XX, em função de uma alimentação balanceada.

Se os legumes imperam nas mesas, as frutas servidas inteiras ficam reservadas para o quotidiano e o café-da-manhã.

Se a salada for servida com ingredientes que não se precisa partir, não use a faca. Nos Estados Unidos e na América em geral, a salada é apresentada na abertura da refeição, mas também pode aparecer após o prato principal, como um tira-gosto para os queijos e a sobremesa.

É raríssimo, mas numa mesa refinada pode haver garfo e faca especiais para salada. São menores que os do prato principal e quase do tamanho dos talheres de sobremesa.

Em mesas muito tradicionais a salada é servida, simultaneamente com o prato principal, numa tigelinha, colocada à esquerda, ao lado do prato. Você se servirá alternadamente do prato principal e da salada, usando para esta apenas o garfo, enquanto a faca fica no prato. Também pode haver um garfinho exclusivo para a salada na tigelinha. É complicado a princípio, mas racional.

– E aspargo, como mesmo com os dedos?

– A regra é esta, mas na prática fica complicado. Do aspargo fresco preparado na manteiga se come só a ponta. Melhor mesmo é usar garfo e faca, sem constrangimento em deixar a parte fibrosa e rija. Existe pinça especial para aspargo, de uso individual, mas é raro de ver.

– Afinal, não se pode cortar a alface servida em folha inteira?

– Essa é uma velha regra de etiqueta que não tem mais razão de ser. Antigamente as lâminas das facas não eram inoxidáveis e escureciam os alimentos crus, como é o caso da alface. O que não se faz é cortar em pedacinhos. Usa-se o garfo auxiliado pela faca para partir

um pedaço menor que possa ir à boca sem problemas. Grotesco é ficar lutando para comer uma folha inteira de alface.

Mesmo servida quente, se come alcachofra com a mão?

– Sim, desde que sejam apresentadas inteiras. Retira-se a folha e mergulha-se a parte tenra no molho. E come-se apenas essa, deixando a zona descartável no canto do prato. Ao chegar ao núcleo rijo ou ao coração da alcachofra, a parte mais gostosa, as folhas vão ficando menores e são retiradas delicadamente com o garfo, deixando exposto o coração, que se come também com o garfo.

– *Retiro o caroço do abacate com a mão?*

– Não. O abacate quase sempre é apresentado partido ao meio. Segure a fruta protegida pela casca com a mão esquerda e retire o caroço

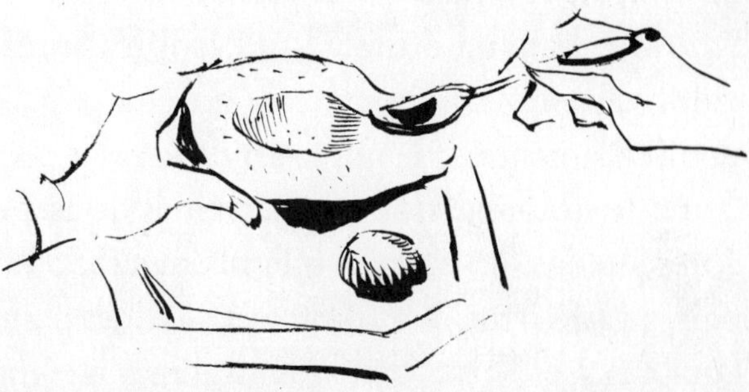

usando garfo ou colher. Deixe-o de lado no prato. Coloque açúcar sobre a polpa e coma-a com a colher. Melhor mesmo é quando a polpa batida é servida em taça, como um creme.

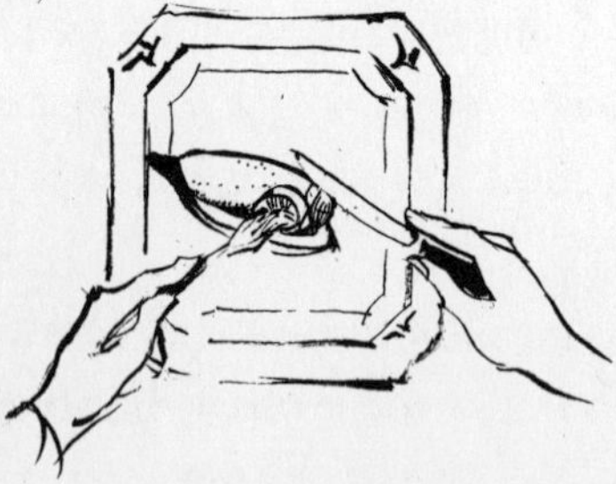

– Vê-se muita gente comendo banana com as mãos, como os macacos. O que diz a etiqueta?

– A banana é uma fruta tropical muito valorizada no exterior e vale a pena comê-la civilizadamente. Quando é servida sem a casca, come-se só com garfo, partindo em rodelas. Se é apresentada com casca, use também a faca. Fixe com o garfo o meio de fruta, corte as duas pontas com casca e dê um corte longitudinal na fruta, com a ajuda de garfo e faca, separando a polpa da casca. Coma-a então só com o garfo.

Morangos e cerejas, quando estiverem com o cabinho, se comem com a mão. Coloca-se a frutinha na boca, segurando-a pelo cabo, que é descartado para o canto do prato. Uva também se come com a mão. Mastigue a fruta e rejeite a semente na mão direita em concha junto aos lábios. Se não quiser engolir a casca, separe-a da polpa da uva com os dentes e rejeite também na mão em concha, colocando no canto do pratinho de frutas. Amoras e jabuticabas são comidas do mesmo jeito.

Grapefruit se come com colher e as sementes são rejeitadas na própria colher levada à boca e depois deixadas no canto do prato. Bergamota só é apresentada à mesa descascada e sem a pele. Se assim não for, evite comê-la: você ficará cheirando por muitas horas à fruta que, com justiça, é chamada de mexerica em algumas regiões do Brasil.

– *E a laranja, quando não vem descascada à mesa?*

– Come-se com garfo e faca afiada. Corte as duas calotas. Faça um primeiro corte transversal e depois parta cada metade da laranja em quatro pedaços (os gomos). Com os talheres separe a pele da polpa e leve o pedaço à boca com o garfo na mão esquerda, enquanto a direita segura a faca.

Maçã e pêra são cortadas com garfo e faca. Parte-se a fruta pela metade, no sentido vertical, isto é, com o cabinho para cima. E depois em quartos. Logo destaque com a faca e coma com o garfo.

Jamais leve a faca à boca para recolher as sementes. Elas são recolhidas com a mão esquerda fechada, junto à boca, ou com o garfo, ou com a colher.

Capítulo 6

Complicado de comer

A primeira vez que se come frutos do mar com a mão, escargot *com pinça e comida oriental com* hashi *– os pauzinhos – exige ensaio.*

Ainda que nas mesas ocidentais ofereçam a opção de garfo e faca, quem vive no mundo globalizado tem obrigação de saber manusear o hashi.

A lagosta servida inteira com casca é comida com as mãos, sem cerimônia. Em mesas mais refinadas, porém, há o pequeno garfo de dois dentes e uma espécie de alicate que funciona para quebrar as articulações. Firme a lagosta apoiando a mão esquerda no centro e, com a direita, retire os tentáculos.

Com as mãos, parta ao meio a lagosta. Destaque a cauda do corpo, puxando com os dedos. Para as patinhas use do mesmo procedimento ou parta as articulações com o alicate.

Com a mão direita leve a patinha à boca e sugue silenciosamente sua deliciosa carne. Coma a carne do corpo da lagosta com o garfinho, desprezando a parte esverdeada.

É um alimento que exige lavanda, mas se ela não lhe for oferecida, só resta passar bem as mãos no guardanapo.

Mexilhões são servidos em conchas entreabertas. Quando não for possível abri-las com a ajuda de uma faca, é sinal de que não estão mais em condições de serem comidos. Pegue a concha com a mão esquerda e, com a direita, termine de abri-la cuidadosamente com uma faquinha, retirando o mexilhão com o pequeno garfo de lagosta ou com a outra metade de concha, usando-a também para levar o alimento à boca.

Ostras podem ser comidas com a mão ou usando do garfinho especial. Também se vê ostras servidas com *hashi*, um modo prático, sem dúvida, e mais elegante de tirá-la da concha.

O modo de comer caranguejo é semelhante ao da lagosta. Remova as patinhas com os dedos e sugue, silenciosamente, a carne.

Com o garfinho de lagosta, retire a carne de baixo da casca, levando o pedaço à boca com o próprio garfo.

Retire, com a mão, o restante da carne de caranguejo contida debaixo da casca. Coloque no prato, partindo as porções para comer com os dedos e o garfinho.

O *escargot* é um molusco da terra. É servido quente, como entrada, em sua concha espiralada ou em uma reprodução em porcelana refratária. Come-se com a ajuda de pinça especial, com a qual se fixa a concha, usando a mão esquerda, e com a direita, retira-se o *escargot,* usando o garfinho. Costuma-se saboreá-lo com pedaços de pão embebidos no molho.

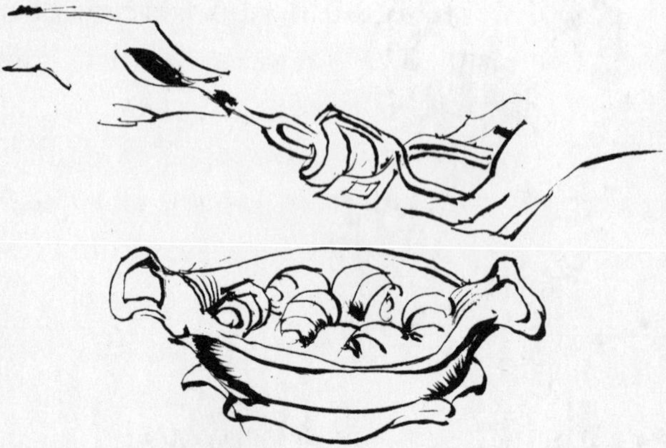

– *Come-se frango ou galeto com as mãos?*

– Excepcionalmente, numa mesa informal, diante de pedaços de galeto pode-se usar de um guardanapo descartável para segurar o osso sem engordurar a mão. Mas, cuidado, a cada vez que levar a carne à boca, passe um guardanapo nos lábios. As galeterias com bom serviço apresentam a lavanda.

Hashi em japonês (pronuncia-se rashi), *chopstiks* em inglês, os talheres orientais não são difíceis de usar, mas precisam um pouquinho de treino. Um dos segredos é pegar a dupla de varetas um pouco abaixo do centro e mais próximo da extremidade por onde se prende o alimento.

Segure o *hashi* superior entre os dedos polegar, indicador e médio e mova-o para cima e para baixo, enquanto o *hashi* inferior é mantido fixo e imóvel, na curva do polegar.

Se você estiver viajando pelo Oriente, é um refinamento ter seu próprio *hashi* – há lindos.

Ao pegar a comida, mantenha o *hashi* de baixo imóvel e mova o superior na direção do dedo indicador, de modo que os dois *hashi* se toquem.

Antes de levar o *sushi* à boca, molhe-o no shoyo (molho de soja), à parte, e agregue uma porção de raiz forte e gengibre em pequenas lascas, temperos fortes, por isso mesmo servidos em pouca quantidade. O *sushi* se come de uma só vez, sem partir, pois, preparado com arroz, ele se desfaz se você tentar morder a metade.

Na cultura oriental é de mau agouro cruzar o hashi *sobre o prato ou a tigela, ao finalizar. O* hashi *é apoiado no descansa-talheres em suas extremidades mais finas.*

Capítulo 7

Postura à mesa

Os animais se alimentam, mas o ser humano come. Só nós temos consciência de que estamos nos alimentando, diferenciamos sabores, criamos combinações e honramos com conversas agradáveis e um bom vinho uma reunião em torno da mesa.

A maneira como você se senta à mesa, a postura de cabeça, braços e pernas é também um transparente diferencial de civilidade. Manter o corpo nem muito próximo nem afastado da borda da mesa é a postura correta ao sentar. Após nos servirmos, as mãos ficam colocadas sobre a mesa, os braços apoiados nos pulsos e não nos cotovelos.

As costas apóiam-se levemente no encosto da cadeira e, ao comer, você apenas inclina o pescoço e a cabeça, sem se curvar na direção do prato. Os cotovelos permanecem religiosamente junto ao corpo e não como quem está quase a alçar vôo, batendo os braços em seus vizinhos de mesa.

Enquanto você conversa e não está comendo e bebendo, pode apoiar os cotovelos na borda da mesa. E as pernas? Parece que ninguém as vê, mas não as estique por baixo da mesa nem para o lado, pois pode bater nas outras pessoas ou no copeiro que se aproxima para servir.

Por melhor que esteja o ambiente, com todo mundo conversando descontraidamente à mesa, não estique as pernas, balançando o corpo para trás, com a cadeira apoiada nas duas pernas traseiras.

Se desejar uma travessa ou uma garrafa distante que exija estender o braço sobre a mesa ou por cima do prato do seu vizinho para pegá-la, peça que a alcancem, evitando um gesto desastroso.

– *Como se contorna um desastre à mesa, virar um copo de vinho tinto, por exemplo?*

– Não fique esfregando o guardanapo na mancha da roupa da vítima. Peça desculpas e providencie que seja passado sobre a mancha gelo envolto em guardanapo branco. Quando isso acontece com duas mulheres, a desastrada acompanha a outra ao toalete. Em geral, um bom copeiro resolve o problema, na própria mesa.

Ao tomar chá ou café, evite a postura afetada de ficar com o dedo mínimo no ar como quem vai "rasgar o céu", enquanto pega a alça da xícara. O dedinho é mantido dobrado, junto com o anular e o médio.

Se estiver muito resfriada, procure não participar de refeições com pessoas de cerimônia. Caso contrário, leve um lenço descartável usado dentro do lenço de tecido e, vez que outra, comprima o lenço no nariz e assoe sem ruído.

E se o estômago roncar durante o jantar? Finja que não é com você e que ninguém ouviu. É uma reação incontrolável como espirrar. Neste caso, não deseje "Saúde" ao vizinho de mesa que espirrou.

Faz parte da boa postura comer sempre de boca fechada. Quando uma pessoa conversa muito, ao colocar comida na boca, é bem pouquinho, para conseguir deixar o alimento de encontro à bochecha, enquanto fala. Não é difícil, mas exige treino. É como se faz também quando aparece um fotógrafo e estamos mastigando.

Dê atenção aos vizinhos de mesa, à sua esquerda e à sua direita, mantendo a conversa, e não fique totalmente de costas para um deles quando estiver conversando com o outro. Caso isso ocorra, procure corrigir o lapso, pedindo desculpas e puxando assunto.

Capítulo 8

No restaurante

Com as mesmas maneiras se come no restaurante e numa lancheria. Assim, o cheeseburger *servido com garfo e faca é comido com os talheres, e não com a mão e um guardanapo de papel.*

O pagamento da despesa, a postura diante do bufê e a distribuição dos lugares são detalhes importantes num contexto sensível para a boa educação.

Os restaurantes costumam arrumar a mesa do café-da-manhã deixando os utensílios desta maneira:

- *Xícara e pires*
- *Prato*
- *Copo de suco*
- *Colherzinha, garfo, faca e colher de sobremesa*
- *Guardanapo*

Em alguns restaurantes a xícara e o pires são apresentados em cima do prato de servir. Seu primeiro gesto, então, depois de colocar o guardanapo à esquerda sobre a mesa, é deslocar a xícara com o pires e a colher à direita do prato. Os copos podem estar junto às jarras de sucos, no bufê. Sirva-se do suco e da fruta e retorne à mesa, colocando o pratinho com a fruta sobre o prato vazio que está na mesa e o guardanapo desdobrado sobre o colo.

Diante do bufê e na mesa do café-da-manhã é importante, ao criar seu próprio cardápio selecionando bebidas e alimentos, que siga a seqüência racional de um variado menu, como costuma ser oferecido em restaurantes de categoria:

Sucos, frutas. Sucrilhos com leite.

Ovos. Omelete. Pães e fiambres. Café com leite, chá ou chocolate.

Bolos. Panquecas com geléia. Biscoitos. Doces em calda. Tortas.

Ao se servir da tigela com sucrilhos ou de uma compota coloque sempre um pratinho de sobremesa debaixo.

Ao servir-se do ovo quente com casca, coloque-o no porta-ovo, que fica sobre um pratinho. Pode-se bater com a faca na casca para quebrá-la. Com a colher de sobremesa ou a especial (em geral de plástico), retire a calota superior do ovo. Aos poucos, com a colherzinha, coma a clara e a gema que, por direito, deverá estar líquida. As sobras da casca de ovo ficam no pratinho que está sob o porta-ovo.

Para comer ovos mexidos e omeletes se usa só o garfo. O mesmo vale para suflês.

Ao servir-se de seu chá em pacotinho, primeiro coloque este na xícara, deixando o cordão com a etiqueta na extremidade para fora da borda. Só então verta a água fervente sobre ele. Esta é uma regra fundamental de bem servir o chá, um diferencial de qualidade num serviço. No final do chá, café ou chocolate, deixe sempre a colher no pires e nunca dentro da xícara.

Previna-se e tome uma xícara de café com leite antes de sair para um café-da-manhã a convite com hora marcada. Esses encontros exigem pontualidade e muita conversa.

O sanduíche pequeno, preparado com duas fatias fininhas de pão de fôrma com recheio, se come com a mão. Daí o nome em inglês: *finger's sandwich*, sanduíche de dedo.

No *brunch*, a refeição servida das 10 às 16h, uma combinação de café-da-manhã (*breakfast*) e almoço (*lunch*), além do que já foi dito, são apresentadas carnes e peixes frios e quiches ou suflês. Esses pratos salgados mais consistentes se come entre os sucos e frutas e o café com leite, pães e fiambres. Doces e tortas ficam para o final do *brunch*.

Tanto no café-da-manhã como no *brunch* se pode tomar champanhe após a bebida quente.

À chegada de um casal ao restaurante, o homem vai à frente e abre a porta, se não houver porteiro. Em casas de certo nível, aguarda-se na recepção que nos seja indicada a mesa, mesmo havendo mesas vagas. Quem convida precede seus amigos ao entrar. A recepção é mais atenciosa se houve reserva por telefone.

Ao dispor os lugares à mesa, se forem casais, não ficam os homens de um lado e as mulheres do outro, sinal de preconceito – mulher só tem assunto com mulher. Eles ficam intercalados, e não necessariamente o marido ao lado da mulher. Se há um casal mais importante ou o homenageado do jantar, ele deve ficar de frente para a entrada.

Quando a mesa é encostada à parede, e for retangular, havendo duas mulheres e um homem, as duas sentam-se lado a lado e ele fica só, em frente. Em mesinha quadrada, é o homem que fica sentado junto ao corredor de passagem e as duas frente a frente. Tratando-se de dois casais, as mulheres ficam no lado de dentro, perto da parede.

Em restaurante de categoria, o *maître* ou o garçom afasta a cadeira para a mulher se sentar. Quando não há esse serviço, é o companheiro que ajuda a senhora. Há certa sutileza que se deve as-

sumir na postura: a mulher dobra os joelhos como se fosse sentar, esperando porém que a cadeira seja aproximada mais da mesa para só então se acomodar.

– *Onde se colocam as bolsas?*

– Casacos e bolsas ficam na cadeira junto da mesa indicada para esse fim. Não se coloca bolsa em cima da mesa de refeições. Se não houver cadeira livre, a bolsa fica sobre o colo, debaixo do guardanapo. Bolsas a tiracolo não são penduradas no encosto das cadeiras. E aqui uma dica feminina: em último caso, deixa-se a bolsa pequena junto ao encosto da cadeira. Tudo, menos colocá-la na mesa, em meio a talheres e comidas. Quanto aos casacos, em geral, há cabides especiais para colocá-los.

– *Mulher permanece de chapéu numa mesa de restaurante?*

– No inverno usa-se chapéu em função do frio. Enquanto o homem tira sempre o chapéu, ao entrar num restaurante, a mulher o conserva. O boné usado por um homem em restaurantes bem descontraídos é tirado sempre como sinal de boa educação.

Quando a despesa do grupo for assumida por alguém, deve ser avisado ao *maître*, logo ao chegar ao restaurante, e fora da mesa. Assim se evita o constrangimento de os convidados quererem dividir a despesa. É depois da sobremesa que o anfitrião, discretamente, vai até o caixa para fazer o pagamento.

Sempre que um grupo for ao restaurante, antes de fazer os pedidos, deve ser avisado ao garçom que as notas serão individuais, não deixando para o final essa minuciosa operação. À hora do pagamento – por favor –, quem prefere fazê-lo em espécie, não coloque as notas sobre a mesa. Nem discuta em voz alta alguma dúvida sobre a relação das despesas.

– *Posso propor a divisão da despesa com meu namorado ao sair a primeira vez?*

– Sim, se ele for muito jovem, mas não insista caso ele queira pagar. Também a senhora sozinha que sai com casais aceita a gentileza a primeira vez, mas insistirá nas próximas ocasiões a assumir seus gastos. A etiqueta do século XXI segue o momento socioeconômico e a equiparação da mulher em seus direitos e obrigações.

A escolha do cardápio é momento de atenção à mesa e de pedir informações ao *maître*. Se você tem paladar mais difícil, cuidado com pratos que não conhece, especialmente de comidas exóticas. Respeite para suas escolhas a ordem do cardápio segundo os preceitos da nutrição:

Entrada fria – Sopa – Peixe ou ave – Carnes – Queijos – Sobremesa – Frutas.

– *Pergunta-se ao garçom se uma porção individual é suficiente para duas pessoas?*

– Sim, especialmente quando a comida não vem servida no próprio prato. Em caso afirmativo, avise que será dividida. Há restaurantes de Punta del Este que sugerem até a sobremesa para duas pessoas, apresentando-a na mesma taça e com duas colheres. No Bicce, de Nova York, um *Crème Brullé* é oferecido pelo *maître*, em sua avantajada porção em prato fundo, para duas pessoas. É claro que elas devem estar frente a frente ou lado a lado.

O convidado evita escolher os pratos mais caros do cardápio. As coisas se complicam para jovens inexperientes quando é apresentado à mulher o cardápio sem os preços, como fazem alguns restaurantes mais sofisticados, que reservam os menus com a lista de preços aos homens, na presunção de que eles sempre paguem a conta. É momento de quem está convidando fazer as sugestões, principalmente das bebidas, dando o tom do que está pretendendo gastar.

Estar à vontade não significa para os homens tirar o paletó e ficar de camisa, quando o ambiente for climatizado. Em almoços de negócios, onde faz calor, alguns executivos propõem estar mais confortáveis, não fazendo cerimônia até de afrouxar o colarinho da gravata. Um jovem executivo ou um convidado não tomará a iniciativa e pode mesmo assumir aquela descontração.

Quem começa a comer é o anfitrião da mesa ou a pessoa mais velha, quando a despesa for dividida. O que se faz diante de um serviço moroso é insistir para que comecem logo a comer para não esfriar a sopa, por exemplo, mas os companheiros bem-educados não aceitam a sugestão ou comem vagarosamente, aguardando até todos estarem servidos.

Em grandes mesas de banquete aguarda-se sempre que as pessoas sentadas mais próximas de nós sejam servidas para então se pegar os talheres. Diferente do que ocorre diariamente nos restaurantes de empresa: à medida que o prato é servido, se começa a comer, independente dos vizinhos de mesa, pois cada um tem seu próprio horário.

O palito não mais aparece nas mesas e nas bandejas de avião, pois seu uso é um ato privado, comparável a escovar os dentes. Por isso foi abolido terminantemente das boas maneiras. Palitam-se os dentes no toalete, sendo por isso plausível, ao ver palitos na mesa, guardá-los num bolso para usar posteriormente.

O comportamento nos serviços de bufê exige controle e atenção. Siga a fila e não se esqueça dela em conversas que interrompem seu fluxo.

Dirija-se à mesa segurando o prato com as duas mãos, à altura da cintura, sem deixá-lo caído, ao longo do corpo, como aparece na figura, ou, pior ainda, debaixo do braço.

Ao servir-se da salada, não fique pescando o tomate seco, o camarão gigante e outros petiscos decorativos. Também não coloque a colher com que se serviu da maionese de peixe no salpicão de carne. Faltando talher nas travessas, avise ao garçom, pois não se misturam sabores incompatíveis.

À hora da sopa, há pratos fundo e raso próximos ou tigela e pratinho. Ao pegar seu prato para a sopa, coloque-o sobre o prato raso – a tigela sobre o pratinho – e assim vai a sopa servida para a mesa, e não direto sobre a toalha. A taça de consomê com seu pires às vezes é apresentada sobre o prato raso.

Ao compor o seu prato principal, faça-o harmonizando os alimentos, isto é, não misture camarão com galinha e nem encha demais o prato. Pode se servir de novo, sim. Também diante das travessas e terrinas de um bufê quente, quando há um fricassê de galinha e estrogonofe de carne, não se sirva dos dois tipos de carne juntos.

Com as sobremesas é um pouco diferente: pode-se agrupar três tipos delas, combinando especialmente cremes ou gelatinas, doces de frutas e sorvetes, ou torta com creme de baunilha e sorvetes. Você faz seu próprio cardápio no bufê e ele revela o paladar mais ou menos educado.

No inverno, o hábito suíço de comer *fondue* de chocolate é muito bem aceito entre nós brasileiros. Há um detalhe no uso dos garfos longos a observar: eles servem só para mergulhar a fruta no chocolate quente na panela sobre o *réchaud* e colocar o pedaço da fruta chocolatada no pratinho. É com garfo e faca de sobremesa, porém, que se come a *fondue*, pois seria anti-higiênico levar à boca o garfo longo que retornará à panela coletiva. O mesmo vale para as *fondues* de queijo e de carne.

Chamar o garçom com um pssiiiiiuu é um modo indelicado de tratar o profissional. "Garçom, por favor..." é o correto. Toda reclamação é feita em baixa voz, usando da mesma linguagem. Não tente ajudar o garçom, alcançando o prato servido, mas agradeça sempre que lhe prestar um serviço extra, como no caso de ele apanhar o seu guardanapo ou um talher que caiu no chão.

Se não há garçom por perto e o guardanapo cair, não é errado você levantá-lo, e o mesmo poderá fazer um companheiro de mesa ou uma jovem, se isso ocorrer com a senhora que está sentada ao seu lado.

No serviço à francesa, o garçom apresenta a travessa à esquerda do comensal para que este se sirva. Usa-se inclinar o corpo levemente para a direta para facilitar o trabalho do profissional. O mesmo se faz, no sentido contrário, quando o garçom vem retirar o prato e os copos usados.

Não deixe o celular em cima da mesa. Há restaurantes finos que pedem aos clientes entregá-lo na recepção ao chegar, como se faz com os casacos. Com a caixa de recados, não se justifica deixar o celular ligado durante um jantar. Se houver necessidade de fazer uma ligação, o correto é pedir licença e levantar da mesa.

As velas na mesa de jantar devem ser acesas quando as pessoas sentam. Se o garçom não tomar a iniciativa, deve-se pedir que o faça.

A prova é o momento em que o garçom apresenta ao homem que acompanha uma mulher, ou àquele que lidera uma mesa, a garrafa do vinho pedido. Mostra o rótulo e serve um pouquinho. A pessoa prova-o atentamente e aceita inclinando a cabeça ou reclama se está gelado demais para um vinho branco ou sentiu um mau gosto na bebida. Esse fato é menos raro do que se desejaria, especialmente em vinhos importados que ficam por muito tempo armazenados e submetidos à forte movimentação e oscilação de temperatura nos porões de navios e em caminhões. É por isso que se faz a prova do vinho.

Em mesas só de mulheres ou quando uma mulher convida um homem para jantar, é aquela que lidera o grupo que fará a prova. Ela deve ter o bom senso, porém, de transferir a responsabilidade a uma companheira que entende mais do assunto. No caso da anfitriã, passa a honraria da prova ao seu convidado. Usa-se também entre homens que estão jantando fora que o anfitrião transfira para um convidado mais velho ou a um reconhecido expert a prova do vinho.

Quem é abstêmio, se todos estão bebendo à mesa, aceita apenas um pouco de vinho quando o garçom servir a primeira vez, para não chamar a atenção. Fará o gesto que faz parte do código internacional para dizer "basta", colocando a mão aberta, com os quatro dedos unidos, acima do copo, sem tocá-lo.

O brinde é feito à hora da sobremesa com champanhe, vinhos ou cerveja. Não se brinda com uísque. É apenas um toque dos copos, mas também se usa dizer tintim, expressão oriental de bons augúrios.

É sinal de boa educação um homem ficar de pé quando uma senhora chega à mesa ou se levanta. Entre cavalheiros, eles sempre levantam à chegada de outro homem à mesa.

– *Qual o percentual razoável para o garçom?*

– O tradicional, quando a gorjeta não está incluída na despesa, é dez a quinze por cento. Se o serviço for excelente, recomenda-se que seja de maior vulto, não esquecendo que a gorjeta é uma questão pessoal.

Não fique conversando de pé, junto à mesa de amigos que estão comendo. Basta um aceno ou bater levemente no ombro ao cumprimentar.

Índice

A

B

C

D

E

F

G

Q

R

S

T

U

Coleção **L&PM** POCKET

1.**Catálogo geral da Coleção**
2.**Poesias** – Fernando Pessoa
3.**O livro dos sonetos** – org. Sergio Faraco
4.**Hamlet** – Shakespeare / trad. Millôr
5.**Isadora, frag. autobiográficos** – Isadora Duncan
6.**Histórias sicilianas** – G. Lampedusa
7.**O relato de Arthur Gordon Pym** – Edgar A. Poe
8.**A mulher mais linda da cidade** – Bukowski
9.**O fim de Montezuma** – Hernan Cortez
10.**A ninfomania** – D. T. Bienville
11.**As aventuras de Robinson Crusoé** – D. Defoe
12.**Histórias de amor** – A. Bioy Casares
13.**Armadilha mortal** – Roberto Arlt
14.**Contos de fantasmas** – Daniel Defoe
15.**Os pintores cubistas** – G. Apollinaire
16.**A morte de Ivan Ilitch** – L.Tolstoi
17.**A desobediência civil** – D. H. Thoreau
18.**Liberdade, liberdade** – F. Rangel e M. Fernandes
19.**Cem sonetos de amor** – Pablo Neruda
20.**Mulheres** – Eduardo Galeano
21.**Cartas a Théo** – Van Gogh
22.**Don Juan** – Molière / Trad. Millôr Fernandes
24.**Horla** – Guy de Maupassant
25.**O caso de Charles Dexter Ward** – Lovecraft
26.**Vathek** – William Beckford
27.**Hai-Kais** – Millôr Fernandes
28.**Adeus, minha adorada** – Raymond Chandler
29.**Cartas portuguesas** – Mariana Alcoforado
30.**A mensageira das violetas** – Florbela Espanca
31.**Espumas flutuantes** – Castro Alves
32.**Dom Casmurro** – Machado de Assis
34.**Alves & Cia.** – Eça de Queiroz
35.**Uma temporada no inferno** – A. Rimbaud
36.**A corresp. de Fradique Mendes** – Eça de Queiroz
38.**Antologia poética** – Olavo Bilac
39.**Rei Lear – Shakespeare**
40.**Memórias póstumas de Brás Cubas** – M. de Assis
41.**Que loucura!** – Woody Allen
42.**O duelo** – Casanova
44.**Gentidades** – Darcy Ribeiro
45.**Mem. de um Sarg. de Milícias** – M. A. de Almeida
46.**Os escravos** – Castro Alves
47.**O desejo pego pelo rabo** – Pablo Picasso
48.**Os inimigos** – Máximo Gorki
49.**O colar de veludo** – Alexandre Dumas
50.**Livro dos bichos** – Vários
51.**Quincas Borba** – Machado de Assis
53.**O exército de um homem só** – Moacyr Scliar
54.**Frankenstein** – Mary Shelley
55.**Dom Segundo Sombra** – Ricardo Güiraldes
56.**De vagões e vagabundos** – Jack London
57.**O homem bicentenário** – Isaac Asimov
58.**A viuvinha** – José de Alencar
59.**Livro das cortesãs** – org. de Sergio Faraco
60.**Últimos poemas** – Pablo Neruda
61.**A moreninha** – Joaquim Manuel de Macedo
62.**Cinco minutos** – José de Alencar
63.**Saber envelhecer e a amizade** – Cícero
64.**Enquanto a noite não chega** – J. Guimarães
65.**Tufão** – Joseph Conrad
66.**Aurélia** – Gérard de Nerval
67.**I-Juca-Pirama** – Gonçalves Dias
68.**Fábulas** – Esopo
69.**Teresa Filósofa** – Anônimo do Séc. XVIII
70.**Avent. inéditas de Sherlock Holmes** – A. C. Doyle
71.**Quintana de bolso** – Mario Quintana
72.**Antes e depois** – Paul Gauguin
73.**A morte de Olivier Bécaille** – Émile Zola
74.**Iracema** – José de Alencar
75.**Iaiá Garcia** – Machado de Assis
76.**Utopia** – Tomás Morus
77.**Sonetos para amar o amor** – Camões
78.**Carmem** – Prosper Mérimée
79.**Senhora** – José de Alencar
80.**Hagar, o horrível 1** – Dik Browne
81.**O coração das trevas** – Joseph Conrad
82.**Um estudo em vermelho** – Arthur Conan Doyle
83.**Todos os sonetos** – Augusto dos Anjos
84.**A propriedade é um roubo** – P.-J. Proudhon
85.**Drácula** – Bram Stoker
86.**O marido complacente** – Sade
87.**De profundis** – Oscar Wilde
88.**Sem plumas** – Woody Allen
89.**Os bruzundangas** – Lima Barreto
90.**O cão dos Baskervilles** – Arthur Conan Doyle
91.**Paraísos artificiais** – Charles Baudelaire
92.**Cândido, ou o otimismo** – Voltaire
93.**Triste fim de Policarpo Quaresma** – Lima Barreto
94.**Amor de perdição** – Camilo Castelo Branco
95.**A megera domada** – Shakespeare / trad. Millôr
96.**O mulato** – Aluísio Azevedo
97.**O alienista** – Machado de Assis
98.**O livro dos sonhos** – Jack Kerouac
99.**Noite na taverna** – Álvares de Azevedo
100.**Aura** – Carlos Fuentes
102.**Contos gauchescos e Lendas do sul** – Simões Lopes Neto
103.**O cortiço** – Aluísio Azevedo
104.**Marília de Dirceu** – T. A. Gonzaga
105.**O Primo Basílio** – Eça de Queiroz
106.**O ateneu** – Raul Pompéia
107.**Um escândalo na Boêmia** – Arthur Conan Doyle
108.**Contos** – Machado de Assis
109.**200 Sonetos** – Luis Vaz de Camões
110.**O príncipe** – Maquiavel
111.**A escrava Isaura** – Bernardo Guimarães
112.**O solteirão nobre** – Conan Doyle
114.**Shakespeare de A a Z** – Shakespeare

115.**A relíquia** – Eça de Queiroz
117.**Livro do corpo** – Vários
118.**Lira dos 20 anos** – Álvares de Azevedo
119.**Esaú e Jacó** – Machado de Assis
120.**A barcarola** – Pablo Neruda
121.**Os conquistadores** – Júlio Verne
122.**Contos breves** – G. Apollinaire
123.**Taipi** – Herman Melville
124.**Livro dos desaforos** – org. de Sergio Faraco
125.**A mão e a luva** – Machado de Assis
126.**Doutor Miragem** – Moacyr Scliar
127.**O penitente** – Isaac B. Singer
128.**Diários da descoberta da América** – C.Colombo
129.**Édipo Rei** – Sófocles
130.**Romeu e Julieta** – Shakespeare
131.**Hollywood** – Charles Bukowski
132.**Billy the Kid** – Pat Garrett
133.**Cuca fundida** – Woody Allen
134.**O jogador** – Dostoiévski
135.**O livro da selva** – Rudyard Kipling
136.**O vale do terror** – Arthur Conan Doyle
137.**Dançar tango em Porto Alegre** – S. Faraco
138.**O gaúcho** – Carlos Reverbel
139.**A volta ao mundo em oitenta dias** – J. Verne
140.**O livro dos esnobes** – W. M. Thackeray
141.**Amor & morte em Poodle Springs** – Raymond Chandler & R. Parker
142.**As aventuras de David Balfour** – Stevenson
143.**Alice no país das maravilhas** – Lewis Carroll
144.**A ressurreição** – Machado de Assis
145.**Inimigos, uma história de amor** – I. Singer
146.**O Guarani** – José de Alencar
147.**A cidade e as serras** – Eça de Queiroz
148.**Eu e outras poesias** – Augusto dos Anjos
149.**A mulher de trinta anos** – Balzac
150.**Pomba enamorada** – Lygia F. Telles
151.**Contos fluminenses** – Machado de Assis
152.**Antes de Adão** – Jack London
153.**Intervalo amoroso** – A.Romano de Sant'Anna
154.**Memorial de Aires** – Machado de Assis
155.**Naufrágios e comentários** – Cabeza de Vaca
156.**Ubirajara** – José de Alencar
157.**Textos anarquistas** – Bakunin
158.**O pirotécnico Zacarias** – Murilo Rubião
159.**Amor de salvação** – Camilo Castelo Branco
160.**O gaúcho** – José de Alencar
161.**O livro das maravilhas** – Marco Polo
162.**Inocência** – Visconde de Taunay
163.**Helena** – Machado de Assis
164.**Uma estação de amor** – Horácio Quiroga
165.**Poesia reunida** – Martha Medeiros
166.**Memórias de Sherlock Holmes** – Conan Doyle
167.**A vida de Mozart** – Stendhal
168.**O primeiro terço** – Neal Cassady
169.**O mandarim** – Eça de Queiroz
170.**Um espinho de marfim** – Marina Colasanti
171.**A ilustre Casa de Ramires** – Eça de Queiroz
172.**Lucíola** – José de Alencar
173.**Antígona** – Sófocles – trad. Donaldo Schüler
174.**Otelo** – William Shakespeare
175.**Antologia** – Gregório de Matos
176.**A liberdade de imprensa** – Karl Marx
177.**Casa de pensão** – Aluísio Azevedo
178.**São Manuel Bueno, Mártir** – Unamuno
179.**Primaveras** – Casimiro de Abreu
180.**O noviço** – Martins Pena
181.**O sertanejo** – José de Alencar
182.**Eurico, o presbítero** – Alexandre Herculano
183.**O signo dos quatro** – Conan Doyle
184.**Sete anos no Tibet** – Heinrich Harrer
185.**Vagamundo** – Eduardo Galeano
186.**De repente acidentes** – Carl Solomon
187.**As minas de Salomão** – Rider Haggar
188.**Uivo** – Allen Ginsberg
189.**A ciclista solitária** – Conan Doyle
190.**Os seis bustos de Napoleão** – Conan Doyle
191.**Cortejo do divino** – Nelida Piñon
192.**Cassino Royale** – Ian Fleming
193.**Viva e deixe morrer** – Ian Fleming
194.**Os crimes do amor** – Marquês de Sade
195.**Besame Mucho** – Mário Prata
196.**Tuareg** – Alberto Vázquez-Figueroa
197.**O longo adeus** – Raymond Chandler
198.**Os diamantes são eternos** – Ian Fleming
199.**Notas de um velho safado** – C. Bukowski
200.**111 ais** – Dalton Trevisan
201.**O nariz** – Nicolai Gogol
202.**O capote** – Nicolai Gogol
203.**Macbeth** – William Shakespeare
204.**Heráclito** – Donaldo Schüler
205.**Você deve desistir, Osvaldo** – Cyro Martins
206.**Memórias de Garibaldi** – A. Dumas
207.**A arte da guerra** – Sun Tzu
208.**Fragmentos** – Caio Fernando Abreu
209.**Festa no castelo** – Moacyr Scliar
210.**O grande deflorador** – Dalton Trevisan
211.**Corto Maltese na Etiópia** – Hugo Pratt
212.**Homem do princípio ao fim** – Millôr Fernandes
213.**Aline e seus dois namorados** – A. Iturrusgarai
214.**A juba do leão** – Sir Arthur Conan Doyle
215.**Assassino metido a esperto** – R. Chandler
216.**Confissões de um comedor de ópio** – T.De Quincey
217.**Os sofrimentos do jovem Werther** – Goethe
218.**Fedra** – Racine / Trad. Millôr Fernandes
219.**O vampiro de Sussex** – Conan Doyle
220.**Sonho de uma noite de verão** – Shakespeare
221.**Dias e noites de amor e de guerra** – Galeano
222.**O Profeta** – Khalil Gibran
223.**Flávia, cabeça, tronco e membros** – M. Fernandes
224.**Guia da ópera** – Jeanne Suhamy
225.**Macário** – Álvares de Azevedo
226.**Etiqueta na prática** – Celia Ribeiro
227.**Manifesto do partido comunista** – Marx & Engels
228.**Poemas** – Millôr Fernandes
229.**Um inimigo do povo** – Henrik Ibsen
230.**O paraíso destruído** – Frei B. de las Casas

231.**O gato no escuro** – Josué Guimarães
232.**O mágico de Oz** – L. Frank Baum
233.**Armas no Cyrano's** – Raymond Chandler
234.**Max e os felinos** – Moacyr Scliar
235.**Nos céus de Paris** – Alcy Cheuiche
236.**Os bandoleiros** – Schiller
237.**A primeira coisa que eu botei na boca** – Deonísio da Silva
238.**As aventuras de Simbad, o marújo**
239.**O retrato de Dorian Gray** – Oscar Wilde
240.**A carteira de meu tio** – J. Manuel de Macedo
241.**A luneta mágica** – J. Manuel de Macedo
242.**A metamorfose** – Kafka
243.**A flecha de ouro** – Joseph Conrad
244.**A ilha do tesouro** – R. L. Stevenson
245.**Marx - Vida & Obra** – José A. Giannotti
246.**Gênesis**
247.**Unidos para sempre** – Ruth Rendell
248.**A arte de amar** – Ovídio
249.**O sono eterno** – Raymond Chandler
250.**Novas receitas do Anonymus Gourmet** – J.A.P.M.
251.**A nova catacumba** – Arthur Conan Doyle
252.**O dr. Negro** – Arthur Conan Doyle
253.**Os voluntários** – Moacyr Scliar
254.**A bela adormecida** – Irmãos Grimm
255.**O príncipe sapo** – Irmãos Grimm
256.**Confissões** *e* **Memórias** – H. Heine
257.**Viva o Alegrete** – Sergio Faraco
258.**Vou estar esperando** – R. Chandler
259.**A senhora Beate e seu filho** – Schnitzler
260.**O ovo apunhalado** – Caio Fernando Abreu
261.**O ciclo das águas** – Moacyr Scliar
262.**Millôr Definitivo** – Millôr Fernandes
264.**Viagem ao centro da Terra** – Júlio Verne
265.**A dama do lago** – Raymond Chandler
266.**Caninos brancos** – Jack London
267.**O médico e o monstro** – R. L. Stevenson
268.**A tempestade** – William Shakespeare
269.**Assassinatos na rua Morgue** – E. Allan Poe
270.**99 corruíras nanicas** – Dalton Trevisan
271.**Broquéis** – Cruz e Sousa
272.**Mês de cães danados** – Moacyr Scliar
273.**Anarquistas – vol. 1 – A idéia** – G. Woodcock
274.**Anarquistas – vol. 2 – O movimento** – G. Woodcock
275.**Pai e filho, filho e pai** – Moacyr Scliar
276.**As aventuras de Tom Sawyer** – Mark Twain
277.**Muito barulho por nada** – W. Shakespeare
278.**Elogio à loucura** – Erasmo
279.**Autobiografia de Alice B. Toklas** – G. Stein
280.**O chamado da floresta** – J. London
281.**Uma agulha para o diabo** – Ruth Rendell
282.**Verdes vales do fim do mundo** – A. Bivar
283.**Ovelhas negras** – Caio Fernando Abreu
284.**O fantasma de Canterville** – O. Wilde
285.**Receitas de Yayá Ribeiro** – Celia Ribeiro
286.**A galinha degolada** – H. Quiroga
287.**O último adeus de Sherlock Holmes** – A. Conan Doyle
288.**A. Gourmet** *em* **Histórias de cama & mesa** – J. A. Pinheiro Machado
289.**Topless** – Martha Medeiros
290.**Mais receitas do Anonymus Gourmet** – J. A. Pinheiro Machado
291.**Origens do discurso democrático** – D. Schüler
292.**Humor politicamente incorreto** – Nani
293.**O teatro do bem e do mal** – E. Galeano
294.**Garibaldi & Manoela** – J. Guimarães
295.**10 dias que abalaram o mundo** – John Reed
296.**Numa fria** – Charles Bukowski
297.**Poesia de Florbela Espanca** vol. 1
298.**Poesia de Florbela Espanca** vol. 2
299.**Escreva certo** – É. Oliveira e M. E. Bernd
300.**O vermelho e o negro** – Stendhal
301.**Ecce homo** – Friedrich Nietzsche
302(7).**Comer bem, sem culpa** – Dr. Fernando Lucchese, A. Gourmet e Iotti
303.**O livro de Cesário Verde** – Cesário Verde
304.**O reino das cebolas** – C. Moscovich
305.**100 receitas de macarrão** – S. Lancellotti
306.**160 receitas de molhos** – S. Lancellotti
307.**100 receitas light** – H. e Â. Tonetto
308.**100 receitas de sobremesas** – Celia Ribeiro
309.**Mais de 100 dicas de churrasco** – Leon Diziekaniak
310.**100 receitas de acompanhamentos** – C. Cabeda
311.**Honra ou vendetta** – S. Lancellotti
312.**A alma do homem sob o socialismo** – Oscar Wilde
313.**Tudo sobre Yôga** – Mestre De Rose
314.**Os varões assinalados** – Tabajara Ruas
315.**Édipo em Colono** – Sófocles
316.**Lisístrata** – Aristófanes / trad. Millôr
317.**Sonhos de Bunker Hill** – John Fante
318.**Os deuses de Raquel** – Moacyr Scliar
319.**O colosso de Marússia** – Henry Miller
320.**As eruditas** – Molière / trad. Millôr
321.**Radicci 1** – Iotti
322.**Os Sete contra Tebas** – Ésquilo
323.**Brasil Terra à vista** – Eduardo Bueno
324.**Radicci 2** – Iotti
325.**Júlio César** – William Shakespeare
326.**A carta de Pero Vaz de Caminha**
327.**Cozinha Clássica** – Sílvio Lancellotti
328.**Madame Bovary** – Gustave Flaubert
329.**Dicionário do viajante insólito** – M. Scliar
330.**O capitão saiu para o almoço...** – Bukowski
331.**A carta roubada** – Edgar Allan Poe
332.**É tarde para saber** – Josué Guimarães
333.**O livro de bolso da Astrologia** – Maggy Harrisonx e Mellina Li
334.**1933 foi um ano ruim** – John Fante
335.**100 receitas de arroz** – Aninha Comas
336.**Guia prático do Português correto – vol. 1** – Cláudio Moreno
337.**Bartleby, o escriturário** – H. Melville
338.**Enterrem meu coração na curva do rio** – Dee Brown

339.**Um conto de Natal** – Charles Dickens
340.**Cozinha sem segredos** – J. A. P. Machado
341.**A dama das Camélias** – A. Dumas Filho
342.**Alimentação saudável** – H. e Â. Tonetto
343.**Continhos galantes** – Dalton Trevisan
344.**A Divina Comédia** – Dante Alighieri
345.**A Dupla Sertanojo** – Santiago
346.**Cavalos do amanhecer** – Mario Arregui
347.**Biografia de Vincent van Gogh por sua cunhada** – Jo van Gogh-Bonger
348.**Radicci 3** – Iotti
349.**Nada de novo no front** – E. M. Remarque
350.**A hora dos assassinos** – Henry Miller
351.**Flush - Memórias de um cão** – Virginia Woolf
352.**A guerra no Bom Fim** – M. Scliar
353(1).**O caso Saint-Fiacre** – Simenon
354(2).**Morte na alta sociedade** – Simenon
355(3).**O cão amarelo** – Simenon
356(4).**Maigret e o homem do banco** – Simenon
357.**As uvas e o vento** – Pablo Neruda
358.**On the road** – Jack Kerouac
359.**O coração amarelo** – Pablo Neruda
360.**Livro das perguntas** – Pablo Neruda
361.**Noite de Reis** – William Shakespeare
362.**Manual de Ecologia** – vol.1 – J. Lutzenberger
363.**O mais longo dos dias** – Cornelius Ryan
364.**Foi bom prá você?** – Nani
365.**Crepusculário** – Pablo Neruda
366.**A comédia dos erros** – Shakespeare
367(5).**A primeira investigação de Maigret** – Simenon
368(6).**As férias de Maigret** – Simenon
369.**Mate-me por favor (vol.1)** – L. McNeil
370.**Mate-me por favor (vol.2)** – L. McNeil
371.**Carta ao pai** – Kafka
372.**Os vagabundos iluminados** – J. Kerouac
373(7).**O enforcado** – Simenon
374(8).**A fúria de Maigret** – Simenon
375.**Vargas, uma biografia política** – H. Silva
376.**Poesia reunida (vol.1)** – A. R. de Sant'Anna
377.**Poesia reunida (vol.2)** – A. R. de Sant'Anna
378.**Alice no país do espelho** – Lewis Carroll
379.**Residência na Terra 1** – Pablo Neruda
380.**Residência na Terra 2** – Pablo Neruda
381.**Terceira Residência** – Pablo Neruda
382.**O delírio amoroso** – Bocage
383.**Futebol ao sol e à sombra** – E. Galeano
384(9).**O porto das brumas** – Simenon
385(10).**Maigret e seu morto** – Simenon
386.**Radicci 4** – Iotti
387.**Boas maneiras & sucesso nos negócios** – Celia Ribeiro
388.**Uma história Farroupilha** – M. Scliar
389.**Na mesa ninguém envelhece** – J. A. P. Machado
390.**200 receitas inéditas do Anonymus Gourmet** – J. A. Pinheiro Machado
391.**Guia prático do Português correto – vol.2** – Cláudio Moreno
392.**Breviário das terras do Brasil** – Luis A. de Assis Brasil
393.**Cantos Cerimoniais** – Pablo Neruda
394.**Jardim de Inverno** – Pablo Neruda
395.**Antonio e Cleópatra** – William Shakespeare
396.**Tróia** – Cláudio Moreno
397.**Meu tio matou um cara** – Jorge Furtado
398.**O anatomista** – Federico Andahazi
399.**As viagens de Gulliver** – Jonathan Swift
400.**Dom Quixote – v.1** – Miguel de Cervantes
401.**Dom Quixote – v.2** – Miguel de Cervantes
402.**Sozinho no Pólo Norte** – Thomaz Brandolin
403.**Matadouro Cinco** – Kurt Vonnegut
404.**Delta de Vênus** – Anaïs Nin
405.**O melhor de Hagar 2** – Dik Browne
406.**É grave Doutor?** – Nani
407.**Orai pornô** – Nani
408(11).**Maigret em Nova York** – Simenon
409(12).**O assassino sem rosto** – Simenon
410(13).**O mistério das jóias roubadas** – Simenon
411.**A irmãzinha** – Raymond Chandler
412.**Três contos** – Gustave Flaubert
413.**De ratos e homens** – John Steinbeck
414.**Lazarilho de Tormes** – Anônimo do séc. XVI
415.**Triângulo das águas** – Caio Fernando Abreu
416.**100 receitas de carnes** – Sílvio Lancellotti
417.**Histórias de robôs: vol.1** – org. Isaac Asimov
418.**Histórias de robôs: vol.2** – org. Isaac Asimov
419.**Histórias de robôs: vol.3** – org. Isaac Asimov
420.**O país dos centauros** – Tabajara Ruas
421.**A república de Anita** – Tabajara Ruas
422.**A carga dos lanceiros** – Tabajara Ruas
423.**Um amigo de Kafka** – Isaac Singer
424.**As alegres matronas de Windsor** – Shakespeare
425.**Amor e exílio** – Isaac Bashevis Singer
426.**Use & abuse do seu signo** – Marília Fiorillo e Marylou Simonsen
427.**Pigmaleão** – Bernard Shaw
428.**As fenícias** – Eurípides
429.**Everest** – Thomaz Brandolin
430.**A arte de furtar** – Anônimo do séc. XVI
431.**Billy Bud** – Herman Melville
432.**A rosa separada** – Pablo Neruda
433.**Elegia** – Pablo Neruda
434.**A garota de Cassidy** – David Goodis
435.**Como fazer a guerra: máximas de Napoleão** – Balzac
436.**Poemas de Emily Dickinson**
437.**Gracias por el fuego** – Mario Benedetti
438.**O sofá** – Crébillon Fils
439.**O "Martín Fierro"** – Jorge Luis Borges
440.**Trabalhos de amor perdidos** – W. Shakespeare
441.**O melhor de Hagar 3** – Dik Browne
442.**Os Maias (volume1)** – Eça de Queiroz
443.**Os Maias (volume2)** – Eça de Queiroz
444.**Anti-Justine** – Restif de La Bretonne
445.**Juventude** – Joseph Conrad
446.**Singularidades de uma rapariga loura** – Eça de Queiroz
447.**Janela para a morte** – Raymond Chandler
448.**Um amor de Swann** – Marcel Proust
449.**À paz perpétua** – Immanuel Kant
450.**A conquista do México** – Hernan Cortez
451.**Defeitos escolhidos e 2000** – Pablo Neruda
452.**O casamento do céu e do inferno** – William Blake

453.**A primeira viagem ao redor do mundo** – Antonio Pigafetta
454(14).**Uma sombra na janela** – Simenon
455(15).**A noite da encruzilhada** – Simenon
456(16).**A velha senhora** – Simenon
457.**Sartre** – Annie Cohen-Solal
458.**Discurso do método** – René Descartes
459.**Garfield em grande forma** – Jim Davis
460.**Garfield está de dieta** – Jim Davis
461.**O livro das feras** – Patricia Highsmith
462.**Viajante solitário** – Jack Kerouac
463.**Auto da barca do inferno** – Gil Vicente
464.**O livro vermelho dos pensamentos de Millôr** – Millôr Fernandes
465.**O livro dos abraços** – Eduardo Galeano
466.**Voltaremos!** – José Antonio Pinheiro Machado
467.**Rango** – Edgar Vasques
468(8).**Dieta mediterrânea** – Dr. Fernando Lucchese e José Antonio Pinheiro Machado
469.**Radicci 5** – Iotti
470.**Pequenos pássaros** – Anaïs Nin
471.**Guia prático do Português correto – vol.3** – Cláudio Moreno
472.**Atire no pianista** – David Goodis
473.**Antologia Poética** – García Lorca
474.**Alexandre e César** – Plutarco
475.**Uma espiã na casa do amor** – Anaïs Nin
476.**A gorda do Tiki Bar** – Dalton Trevisan
477.**Garfield um gato de peso** – Jim Davis
478.**Canibais** – David Coimbra
479.**A arte de escrever** – Arthur Schopenhauer
480.**Pinóquio** – Carlo Collodi
481.**Misto-quente** – Charles Bukowski
482.**A lua na sarjeta** – David Goodis
483.**Recruta Zero** – Mort Walker
484.**Aline 2: TPM – tensão pré-monstrual** – Adão Iturrusgarai
485.**Sermões do Padre Antonio Vieira**
486.**Garfield numa boa** – Jim Davis
487.**Mensagem** – Fernando Pessoa
488.**Vendeta** *seguido de* **A paz conjugal** – Balzac
489.**Poemas de Alberto Caeiro** – Fernando Pessoa
490.**Ferragus** – Honoré de Balzac
491.**A duquesa de Langeais** – Honoré de Balzac
492.**A menina dos olhos de ouro** – Honoré de Balzac
493.**O lírio do vale** – Honoré de Balzac
494(17).**A barcaça da morte** – Simenon
495(18).**As testemunhas rebeldes** – Simenon
496(19).**Um engano de Maigret** – Simenon
497(1).**A noite das bruxas** – Agatha Christie
498(2).**Um passe de mágica** – Agatha Christie
499(3).**Nêmesis** – Agatha Christie
500.**Esboço de uma teoria das emoções** – Jean-Paul Sartre
501.**Renda básica de cidadania** – Eduardo Suplicy
502(1).**Pílulas para viver melhor** – Dr. Lucchese
503(2).**Pílulas para prolongar a juventude** – Dr. Lucchese
504(3).**Desembarcando o Diabetes** – Dr. Lucchese
505(4).**Desembarcando o Sedentarismo** – Dr. Fernando Lucchese e Cláudio Castro
506(5).**Desembarcando a Hipertensão** – Dr. Lucchese
507(6).**Desembarcando o Colesterol** – Dr. Fernando Lucchese e Fernanda Lucchese
508.**Estudos de mulher** – Balzac
509.**O terceiro tira** – Flann O'Brien
510.**100 receitas de aves e ovos** – José Antonio Pinheiro Machado
511.**Garfield em toneladas de diversão** – Jim Davis
512.**Trem-bala** – Martha Medeiros
513.**Os cães ladram** – Truman Capote
514.**O Kama Sutra de Vatsyayana**
515.**O crime do Padre Amaro** – Eça de Queiroz
516.**Odes de Ricardo Reis** – Fernando Pessoa
517.**O inverno da nossa desesperança** – John Steinbeck
518.**Piratas do Tietê** 1 – Laerte
519.**Rê Bordosa: do começo ao fim** – Angeli
520.**O Harlem é escuro** – Chester Himes
521.**Café-da-manhã dos campeões** – Kurt Vonnegut
522.**Eugénie Grandet** – Balzac
523.**O último magnata** – F. Scott Fitzgerald
524.**Carol** – Patricia Highsmith
525.**100 receitas de patisseria** – Sílvio Lancellotti
526.**O fator humano** – Graham Greene
527.**Tristessa** – Jack Kerouac
528.**O diamante do tamanho do Ritz** – S. Fitzgerald
529.**As melhores histórias de Sherlock Holmes** – Arthur Conan Doyle
530.**Cartas a um jovem poeta** – Rilke
531(20).**Memórias de Maigret** – Simenon
532(4).**O misterioso sr. Quin** – Agatha Christie
533.**Os analectos** – Confúcio
534(21).**Maigret e os homens de bem** – Simenon
535(22).**O medo de Maigret** – Simenon
536.**Ascensão e queda de César Birotteau** – Balzac
537.**Sexta-feira negra** – David Goodis
538.**Ora bolas – O humor cotidiano de Mario Quintana** – Juarez Fonseca
539.**Longe daqui aqui mesmo** – Antonio Bivar
540(5).**É fácil matar** – Agatha Christie
541.**O pai Goriot** – Balzac
542.**Brasil, um país do futuro** – Stefan Zweig
543.**O processo** – Kafka
544.**O melhor de Hagar 4** – Dik Browne
545(6).**Por que não pediram a Evans?** – Agatha Christie
546.**Fanny Hill** – John Cleland
547.**O gato por dentro** – William S. Burroughs
548.**Sobre a brevidade da vida** – Sêneca
549.**Geraldão 1** – Glauco
550.**Piratas do Tietê 2** – Laerte
551.**Pagando o pato** – Ciça
552.**Garfield de bom humor** – Jim Davis
553.**Conhece o Mário?** – Santiago
554.**Radicci 6** – Iotti
555.**Os subterrâneos** – Jack Kerouac
556.**Balzac** – François Taillandier
557.**Modigliani** – Christian Parisot
558.**Kafka** – Gérard-Georges Lemaire
559.**Júlio César** – Joël Schmidt
560.**Receitas da família** –J. A. Pinheiro Machado
561.**Boas maneiras à mesa** – Celia Ribeiro
562(9).**Filhos sadios, pais felizes** – R. Pagnoncelli
563(10).**Fatos & mitos** – Dr. Fernando Lucchese
564.**Ménage à trois** – Paula Taitelbaum

GRÁFICA EDITORA
Pallotti
IMAGEM DE QUALIDADE
Santa Maria - RS - Fone/Fax: (55) 3220.4500
www.pallotti.com.br